Huggorm

Omslagsfoto Rickard Ljunggren

Huggorm fotograferad i Hässleholm

Huggorm

Förord

Boken vänder sig till den yngre läsaren som tycker att det är spännande med våra huggormar, men även till dig som känner en viss oro när du är i naturen. Med ökad kunskap kommer ofta minskad rädsla.Mycket oro handlar om det man inte känner till så väl.

Boken kan med fördel läsas tillsammans med en vuxen.

Mitt syfte med denna bok är att hjälpa våra svenska ormar att överleva, genom att ge läsaren ökad kunskap och förståelse för dessa vackra djur. Jag hoppas även att fler ska upptäcka dessa vackra djur!

I Sverige finns tre ormarter, men i denna bok har jag valt att skriva om huggormar, vår enda giftorm.

Utan en förstående familj hade denna lilla bok säkerligen inte kommit till, tack Jenny, Ludwig och Jacob! Jag lägger alldeles för stor tid på ormarna, men ni låter mig.

Tack till dig som väljer att läsa min bok! Jag hoppas att du tycker huggormar är lika spännande som jag gör!

/Rickard

Rickard Ljunggren

Huggorm

Impressum

FSC
www.fsc.org
MIX
Papper från ansvarsfulla källor
Paper from responsible sources
FSC® C105338

Fotografi: Jonathan Hagström, Rickard Ljunggren, Pixabay

Korrekturläsning: Bertil Carlsson

Förlag: BoD – Books on Demand, Stockholm, Sverige
Tryck: BoD – Books on Demand, Norderstedt, Tyskland

ISBN: 978-91-8007-693-7

Innehållsförteckning

1. Inledning

Jag hoppas att du tycker att det är lika spännande med ormar som jag gör!
Jag har tyckt om ormar hela livet. Jag kommer ihåg att jag på lågstadiet lånade böcker på biblioteket och ritade av de ormar som fanns med på bild.
Det djur jag tyckte var mest spännande på Skånes djurpark var huggormarna som kändes farliga.

Vi bodde nära skogen när jag var barn. Ibland fångade jag en snok eller en kopparödla och tog med hem. Sedan hade jag snoken eller ödlan i trädgården och tittade på den ett tag. Innan det blev kväll fick den flytta ut i skogen igen.

När jag var 6 år gammal hade jag och en kompis en snok gömd i deras garage. Idag vet jag att man inte får ta med sig djur från skogen hem. Våra ormar är fridlysta. Det betyder att man måste låta dom vara i fred.

Jag hittade aldrig någon huggorm när jag var liten. Det var nog lika bra det för dom är ju giftiga och jag hade inte någon vuxen med mig!
Att titta på ormar i naturen är roligt. Men kom ihåg att inte gå för nära och ha alltid en vuxen med dig!

Ska man titta på huggormar gäller det att vara försiktig. De är bra på att gömma sig och ligger ofta blickstilla och litar på att de inte syns. Titta på bilden på nästa sida, ser du huggormen?

Foto Rickard Ljunggren
Huggorm fotograferad utanför Halmstad.

2. Hur ormar fungerar

Det finns över 3 500 olika sorters ormar i världen. När det handlar om djur kallar man en sort för "art". Det finns ormar som lever på land och ormar som lever i vatten. Ormar på land lever under marken, på marken och uppe i träden. I Sverige finns det bara tre sorters ormar. I Sverige finns huggorm, snok och hasselsnok.

Ormar har väldigt bra luktsinne och använder tungan till att lukta med. Det är därför tungan åker ut och in hela tiden. Ormen räcker ut tungan för att fånga dofter och tar sedan in den i munnen igen för att känna vilka dofter den fångat.

En del ormar har rätt bra syn men de flesta ormarna ser inte så bra. Det är därför man ibland kan överraska ormar i naturen. Dom ser inte att du kommer.

Ormar har inga öron och hör nästan ingenting. Ormar hör inte om du skriker, men dom hör och känner om du klampar i marken. Ibland ser man ormtjusare som spelar flöjt för en dansande orm. Men ormen hör inte flöjten. Ormen följer flöjtens rörelser för att den känner sig hotad.

Käkarna på en orm sitter inte ihop som våra gör. De sitter ihop med något som liknar gummiband. Därför kan ormar öppna munnen väldigt mycket och svälja jättestora byten. Alla ormar är rovdjur och de sväljer sina byten hela.

Alla ormar har en kropp täckt av fjäll. När ormar växer måste de ömsa skinn. Unga ormar växer fortare och ömsar oftare än vuxna ormar. När ormar ömsar kryper de ur sitt gamla skinn med huvudet först, ungefär som när vi tar av oss en strumpa.

Ormar är växelvarma. Detta betyder att ormar inte kan skapa egen kroppsvärme. Istället ändrar dom sin temperatur genom att sola sig eller ligga i skuggan.

3. Ormrädsla

Det är rätt vanligt att vara rädd för ormar. Man kan inte hjälpa om man är rädd för ormar. I filmer, historier och böcker är ormar ofta elaka och farliga. Ibland har man föräldrar som är rädda för ormar och man får lära sig av dem hur farliga ormar är.

Ormar kommer aldrig att jaga dig, dom vill bara vara i fred. Ormar jagar bara byten som dom vill äta upp. Ormar ligger inte på lur för att kasta sig fram och bita dig när du går förbi. De försöker istället smita undan och gömma sig om dom kan. Därför ser man inte ormar i naturen så ofta. Det finns många historier om huggormar som inte stämmer. Dessa historier får huggormarna att verka farligare än vad dom är.

Dessa historier har andra berättat för mig. Ingen av dom är sann.

Huggormshonor klättrar upp i träd för att föda så att ungarna ramlar ner på marken och inte kommer åt att bita ihjäl mamman. Inte sant.

Huggormar kan bita sig själva i svansen och bilda ett hjul som rullar ifatt folk för att anfalla och bita. Inte sant.

Huggormsungarna är giftigare än vuxna huggormar. Inte sant.

4. Våra svenska ormar

Alla grodor och reptiler är fridlysta i Sverige. Reptiler är samlingsnamnet för ödlor, ormar, sköldpaddor och krokodiler. Fridlysning betyder att djur av en art inte får plockas, samlas in, dödas eller skadas.

I Sverige finns tre sorters ormar. Vi har huggormar, snokar och hasselsnokar. Många tror att kopparödlan också är en orm, men det är en ödla.
Snoken och hasselsnoken har inga gifttänder, det är bara huggormen som har det.

Många känner igen vår snok på de två gula eller vita fläckarna som de ofta har i nacken. Men ibland är snoken helt svart och har inga ljusa fläckar. Det finns helt svarta huggormar också. Det kan vara svårt att se skillnad.

Är man inte van vid att se våra svenska ormar kan det vara svårt att se skillnad på en hasselsnok och en brun huggorm.

Ormar i Sverige övervintrar i hål och gångar under marken. När våren kommer tittar de fram igen. Hanarna brukar komma upp först och värma upp sig innan det är dags för parning. Våra ormar brukar para sig i april eller maj.
Ungar föds eller kläcks i slutet av sommaren. Snoken är den enda ormen i Sverige som lägger ägg.

Ormars fiende nummer ett i Sverige är människan. En del människor slår ihjäl ormar när de ser dom. Det får man inte eftersom dom är fridlysta. Ibland förstör människan ormarnas natur också.

Ormar blir ibland uppätna av rovfåglar och mindre rovdjur. Att igelkotten äter ormar stämmer inte. Våra ormar är aktiva på dagen och sover på natten. Igelkotten är aktiv på kvällen och natten. Därför stöter ormar och igelkottar sällan på varandra. Igelkotten är en asätare, dom äter döda djur som dom hittat. Det händer att igelkotten hittar en orm som redan är död och äter denna. Det är säkert därför många tror att igelkotten jagar ormar.

Foto Rickard Ljunggren
Hasselsnokar, en hona och en hane. Många tycker att det är svårt att se skillnad på hasselsnok och huggorm.

5. Huggorm

Alla sorters djur har ett vetenskapligt namn, ett namn som är likadant i hela världen. Huggormen har "Vipera berus" som vetenskapligt namn. Sedan år 2000 är huggormarna fridlysta.

Huggormen är Sveriges enda giftorm! Det händer att människor dör av huggormsbett. Men det är väldigt ovanligt. Huggormen dödar sina byten med giftet i bettet. De äter oftast gnagare och ödlor, men ibland groddjur, mask och fågelungar.

Huggormar finns i nästan hela landet. Den saknas bara i fjällen där det är för kallt. Huggormar trivs på ängsmark, åker och stenig mark i söderläge. Nära kusten är det vanligare att man hittar huggorm.

Huggormen är inte aggressiv. Om huggormen känner sig hotad försöker den först ligga stilla och gömma sig. Går inte det så försöker ormen istället att smita iväg. Den försöker bara bita om man kommit alldeles för nära. Huggormen går aldrig till anfall.

Huggormar kan se rätt olika ut. Som vuxna blir dom ofta 60-70cm långa. Man har hittat huggormar i Sverige som var 90cm långa. Många som ser en huggorm kommer ihåg den som jättestor. Det är nog för att man blev lite rädd.

Färgen på hanar är gråbrun, grå eller silvergrå. Honorna är varmt bruna i grundfärgen. Sicksackbandet är ofta tydligare på hanar än på honor. På vissa huggormar syns sicksackbandet knappt. Huggormen kan också vara helt svart eller nästan svart. Huggormar som är lite röda, gröna eller blåa finns också, men är ovanligt. Huggormar som snart ska ömsa är inte lika klara i färgerna.

Huggormen går i dvala när vintern kommer. Den övervintrar i hål och gångar under marken. Ofta övervintrar flera huggormar tillsammans. På våren tittat huggormen fram igen, före våra svenska snokar. Det är hanarna som tittar fram först. De ska värma upp sig inför parningsperioden. Ibland ser man hanar slåss om en hona, men de biter aldrig varandra. Huggormar parar sig på våren och ungarna kommer i slutet av sommaren.

Antalet ungar varierar från 1-25 och de är ungefär 10cm långa när de föds. Huggormen lägger inte ägg utan ungarna föds levande. De nyfödda huggormarna ömsar ofta samma dag som de föds. Sen kan ungarna börja jaga små ödlor och grodor. Ungarna kallas ibland för äspingar. Att ungarna ska vara giftigare än en vuxen huggorm är inte sant.

Huggormen kan bli 15 år gammal.

Foto Pixabay

Huggormshane

Foto Rickard Ljunggren

Ungar av huggorm kan ibland vara väldigt rödaktiga. Den röda färgen minskar när de blir äldre.

Foto Rickard Ljunggren

Helt svart huggorm.

Foto Rickard Ljunggren

Övre bild: Nyfödd huggorm, med min bilnyckel som hjälp att se hur liten ormen är.

Nedre bild: Vuxen hona

Foto Rickard Ljunggren

Hane som solar. Ibland kan de vara svåra att upptäcka!

6. Huggormar

Huggormen som finns i Sverige är en av över 200 olika arter av huggorm. En del av dessa arter lever på marken som vår huggorm gör. En del lever i träden, t ex de gröna palmhuggormarna i Asien.

Foto Jonathan Hagström

En av många olika arter av palmhuggormar, fotograferad i Thailand.

Vår svenska huggorm finns i många andra länder i Europa också och hela vägen bort till Kina. Andra sorters huggormar finns i alla världsdelar utom på Antarktis där det är alldeles för kallt.

En del arter av huggorm blir nästan 3 meter långa, andra blir inte ens en halv meter långa. Alla arter av huggormar har ett trekantigt huvud och en kropp som är lite kraftig. Ögonen har en smal pupill precis som katter har. I Nordamerika finns flera olika arter av skallerormar. Dessa har en skallra som används till att varna med om någon kommer för nära.

Alla arter är giftiga, fast olika mycket. Gifttänderna är långa och fälls fram när dom ska användas. I Afrika finns en art av huggorm som har 5 cm långa gifttänder! Arten heter gabonhuggorm och är världens tyngsta huggorm.

Foto Pixabay

Gabonhuggorm i terrarium.

Foto Rickard Ljunggren

Jag reser gärna i Asien, bland annat för att titta på ormar.

Detta är en Malayan pit viper (*Calloselasma rhodostoma*) hittad på en landsväg en sen kväll i Thailand. Infångad och utsläppt i skogen samma natt, tillsammans med Jonathan Hagström. Arten är väldigt giftig.

Tyvärr blir en del bitna av denna art. De ligger ofta blick stilla och försöker att inte synas om man kommer för nära. Ser man inte dom kan man råka trampa på dom eller komma alldeles för nära. Då kan ormen bli rädd och bita i försvar. Ormar som biter människor gör alltid det för att försvara sig. Kommer man inte för nära ormar blir man inte biten. Man får se sig för i naturen!

Foto Jonathan Hagström, bild tagen i Thailand.
Denna gång är författaren med i bild. Ormen är en spottkobra (*Naja siamensis*). Därför har jag skyddsglasögon på mig, dom spottar ofta mot ögonen. Detta är inte en huggorm, men hon fick vara med ändå eftersom jag inte har så många bilder på mig tillsammans med ormar i naturen. Oftast är jag ensam när jag letar ormar. Var försiktig om du ser en orm i naturen, både i Sverige och i andra länder! Tack för att du läst min bok!